RESPONSABILITÉ DES COMMUNES

La responsabilité des communes, dit M. Laferrière, tient à leur nature sociale; une société qui a des pouvoirs légalement organisés doit protection à tous ses membres et à tous les intérêts. Si la protection vient à faillir au moment du péril, le devoir social est violé et la commune doit être responsable de sa faute [1].

La commune, en effet, ne doit pas être considérée uniquement comme une circonscription; elle est en outre une de ces personnes juridiques, civiles ou morales, créées par le Code civil, personnes qui forment des êtres abstraits, qui de même que les particuliers, ont un patrimoine à elles, des devoirs à remplir, des droits à exercer.

Comme tout particulier, la commune peut être propriétaire, créancière et débitrice; elle est obligée en vertu de la loi du contrat, du quasi-contrat, du délit et du quasi-délit.

La commune, personne morale, ne peut, il est vrai, commettre des délits, mais elle peut être responsable de ceux qui ont été commis soit par ses préposés, soit par les personnes qui la composent. De là une responsabilité de droit commun prévue par le Code civil et une responsabilité spéciale prévue autrefois par le décret-loi du 10 vendémiaire an IV, et aujourd'hui par les articles 106 et suivants de la loi du 5 avril 1884.

§ 1. — Responsabilité de droit commun.

Les dispositions de droit commun applicables aux communes sont les suivantes :

« Tout fait quelconque de l'homme qui cause à autrui un dom-

---

1. *Cours de droit public et administratif*, t. II, p. 160.

mage, oblige celui par la faute duquel il est arrivé à le réparer. »
(Art. 1382[1].)

« Chacun est responsable du dommage qu'il a causé non seulement
par son fait, mais encore par sa négligence ou par son imprudence. »
(Art. 1383.)

« On est responsable non seulement du dommage que l'on cause
par son propre fait, mais encore de celui qui est causé par le fait des
personnes dont on doit répondre, ou des choses que l'on a sous sa
garde. » (Art. 1384.)

« Le propriétaire d'un animal, ou celui qui s'en sert, pendant qu'il
est à son usage, est responsable du dommage que l'animal a causé,
soit que l'animal fût sous sa garde, soit qu'il fût égaré ou échappé. »
(Art. 1385.)

« Le propriétaire d'un bâtiment est responsable du dommage causé
par sa ruine, lorsqu'elle est arrivée par une suite du défaut d'entretien
ou par le vice de sa construction. » (Art. 1386.)

En vertu de ces dispositions, la commune est responsable toutes les
fois qu'un dommage a été causé par la faute d'un de ses préposés
dans l'exercice de ses fonctions.

Or, quels sont les préposés d'une commune?

1° Les officiers municipaux, maires et adjoints. Il est certain que
quand ils agissent comme agents du Gouvernement ou officiers de
police judiciaire, ils ne peuvent être responsables aux yeux de la
commune ; la responsabilité n'existe que quand ils agissent comme
administrateurs des biens de la commune et que leurs actes de gestion
sont faits dans l'intérêt de celle-ci.

Ainsi il a été jugé qu'une commune est responsable de l'exécution
de mesures prises par le maire, sur l'invitation formelle du conseil
municipal, « attendu que s'il est résulté quelque dommage de l'exécution des mesures prises par le maire, sur l'invitation formelle du conseil
municipal, la commune en est essentiellement responsable, puisque
ces mesures ont été prises dans son intérêt et pour la conservation des
droits qu'elle croyait avoir. [2] »

Un maire engage la commune qu'il est chargé d'administrer par les

---

1. *Code civil*, liv. III, tit. IV, chap. II.
2. Toulouse, 1er juin 1827, aff. Boué.

divers actes qu'il fait en qualité de maire et dans l'intérêt particulier
de la commune ; spécialement dans le cas où des pierres ont été
extraites d'une propriété communale, le maire de la commune qui a
dressé procès-verbal de ce fait et procédé à la saisie d'un four à chaux
où ces pierres avaient été transportées, a pu être réputé avoir agi non
pas comme officier de police judiciaire, mais bien seulement en sa
qualité de maire, pour la conservation des intérêts de la commune, et,
par suite, celle-ci a pu être déclarée responsable des suites de la saisie, encore bien que la conduite du maire n'eût pas été autorisée par
le conseil municipal [1].

Si, en vue de combattre un incendie, un maire a imposé à une propriété qui était à l'abri des atteintes du feu, des sacrifices d'où il est
résulté des dommages pour elle, il en est dû indemnité par la commune, sauf recours de celle-ci contre qui de droit, à raison de l'incendie, en cas de faute prouvée [2].

Si un individu s'est blessé en faisant une chute pendant la nuit dans
une tranchée ouverte pour l'exécution d'un travail communal, la
commune est responsable de l'accident dans la mesure de la faute
qu'elle a commise en négligeant soit d'éclairer la tranchée, soit d'y
placer une barrière [3].

La commune est responsable des dégradations causées à des propriétés par des dépôts de vase et d'immondices tolérés par le maire [4].

L'ouvrier qui, dans l'exécution d'un travail intéressant une commune,
a été blessé sans imprudence de sa part, est fondé à réclamer de celle-
ci, outre le remboursement des frais faits pour sa guérison, des dommages-intérêts, à raison, tant des souffrances par lui éprouvées que de
l'incapacité de travail occasionnée par ses blessures et des conséquences
préjudiciables auxquelles il est exposé pour l'avenir [5].

La commune qui, par suite du défaut d'exécution des engagements
par elle légalement pris envers un particulier, lui a causé un préjudice,
peut être condamnée comme responsable à des dommages-intérêts envers ce dernier [6].

1. Req. 19 avril 1886. — Dalloz, *Rép. de législ. et de jurispr.*, v° *Responsabilité*.
2. Cass. civ., 15 janvier 1866.
3. Cass. civ., 27 février 1868.
4. Cass. civ., 30 novembre 1858.
5. Conseil d'État, 11 mai 1854, Rougier c. la ville de Marseille.
6. Cass., Req., 31 mai 1827, ville de Nantes.

Il est bien entendu que les faits qui entrainent la responsabilité ne doivent pas être confondus avec les décisions légales par lesquelles les administrations peuvent froisser les intérêts privés. Ainsi, de même qu'un particulier n'est pas responsable du dommage qu'il peut causer par l'exercice régulier et de bonne foi de son droit, de même les administrations publiques ne répondent pas du tort que peuvent causer leurs opérations légalement faites.

Le principe de la responsabilité ne doit pas être poussé trop loin. La bonne foi de l'administrateur, l'intégrité de son caractère, la loyauté, la franchise qu'il apporterait dans l'exercice de ses fonctions, doivent être prises en considération par les tribunaux.

Un officier municipal doit être déclaré personnellement responsable des abus d'autorité qu'il a commis dans l'exercice de ses fonctions ; on ne saurait admettre qu'il se couvre de sa qualité de maire ou adjoint pour protéger ses actes, dans un cas où il a méconnu tous les devoirs qu'elle lui imposait ; il serait souverainement injuste que l'écharpe municipale pût toujours servir d'égide à celui qui la porte et lui imprimer le caractère indélébile de mandataire de la commune, même quand il agit en dehors de ses fonctions et en violation de ses devoirs.

C'est du reste l'opinion qui a prévalu dans le cas où un maire, pour procurer l'élargissement d'un chemin vicinal, suivant un plan approuvé, avait fait exécuter des travaux sur une propriété riveraine avant l'autorisation du préfet et la dépossession du propriétaire [1], — ainsi que dans celui où il avait fait démolir un mur menaçant ruine, sans avoir rempli les formalités exigées par la loi [2].

De même, il a été décidé que la commune ne pouvait être déclarée responsable du dommage causé par une réquisition illégale et arbitraire de son maire. (Tribunal de Meaux, 1er mars 1882.) Plus récemment la question a été soulevée lors de la discussion de la loi du 5 avril 1884 (art. 106 et suiv.); et le rapporteur de la loi a dit, dans la séance du Sénat du 11 mars 1884 : « Il est certain que toute faute personnelle commise par quelqu'un oblige celui qui l'a commise à la réparer. Par conséquent, si le maire, par un de ces abus de pouvoir évidents, par une négligence qu'on ne pourrait excuser, par une lâcheté

1. Trib. de Périgueux, 28 août 1873.
2. Trib. de Melun, 13 février 1873.

honteuse en pareilles circonstances, n'a pas rempli le devoir qui lui
était imposé, nous ne disons pas que la commune n'aura pas de recours contre lui, nous ne préjugeons pas cette question, elle reste du
ressort de l'autorité judiciaire et quand le maire sera ainsi actionné
par les intéressés, les tribunaux prononceront, nous n'avons rien à y
voir. »

2° La seconde catégorie de préposés communaux, ce sont les employés choisis par l'autorité municipale, révocables par elle, payés par
la commune pour remplir certaines fonctions sous la surveillance de
cette même autorité [1].

Dans cette catégorie doivent rentrer : les secrétaires de mairie, les
agents voyers municipaux, les cantonniers municipaux, les gardes
champêtres, les pâtres et bergers communaux, les agents de police,
les concierges des établissements municipaux.....

On a prétendu que, sous l'empire de la loi du 24 juillet 1867, dans
les communes de plus de 40,000 habitants, les inspecteurs de police,
brigadiers, sous-brigadiers et agents de police ne pouvaient pas être
considérés comme des préposés de la commune. La Cour de cassation
avait décidé que la disposition de l'article 1384 du Code civil est générale et qu'il n'y est pas dérogé par les dispositions des lois relatives à
l'organisation de la police ; que les gardiens de la paix sont principa-
lement attachés au service de la police municipale, placée par la loi
du 24 juillet 1867 dans les attributions des maires ; qu'ils sont nommés par le préfet du département sur une liste de candidats choisis
par le maire, soumis à la surveillance directe et à l'autorité de ce
fonctionnaire ; qu'ils sont ainsi, dans le sens de la loi, des préposés de
la commune [2]. Cette discussion n'a plus sa raison d'être, puisque
l'article 23 de la loi du 24 juillet 1867 a été abrogé par l'article 168
de la loi du 5 avril 1884 et que l'article 88 de la même loi accorde
au maire tous droits, en cette matière.

Il n'en est pas de même des employés d'octroi ; bien que faisant
partie du personnel administratif de la commune, on ne peut néan-
moins les considérer comme préposés de la commune, car ils sont
encore nommés et révoqués par le préfet, le maire n'ayant que le

1. Sourdat, n° 1086.
2. Cass., req., 16 mars 1881.

droit de présenter la liste des candidats[1]. L'administration de l'octroi a un caractère mixte et non purement communal ; aussi les actions devront-elles être dirigées contre elle comme personne morale et distincte ; elle sera, par conséquent, responsable de l'homicide commis par un employé contre un prétendu fraudeur[2].

Par application des principes de droit commun, la Cour de cassation a décidé que lorsqu'un chemin public devient impraticable, celui qui passe dans le champ riverain n'est pas tenu de payer le dommage causé par son passage, car il se trouve couvert par l'article 41 du Code rural. Le propriétaire du champ n'a d'action que contre la commune qui doit rendre le chemin praticable[3].

Le Code forestier lui-même a fait l'application des principes que nous venons de rappeler : il déclare les communes responsables des condamnations pécuniaires qui pourraient être prononcées contre les pâtres ou gardiens du troupeau commun, tant pour les délits et contraventions relatifs aux droits d'usage et de pâturage, que pour tous autres délits forestiers commis par eux pendant le temps de leur service et dans la limite de leur parcours[4].

Les tribunaux ont bien reconnu que la commune pouvait être responsable du dommage causé par un bâtiment communal tombant en ruine, mais dans le cas spécial qui nous occupe, elle a été acquittée parce qu'il s'agissait d'un monument historique. En effet, on ne pouvait rendre la commune responsable du défaut d'entretien ou d'un vice de construction, puisqu'elle avait cessé, par suite du classement du bâtiment comme monument historique, d'avoir le droit de remédier aux vices de construction et d'exécuter les réparations[5].

Certains auteurs ont voulu soutenir que les communes n'étaient pas tenues des dommages-intérêts résultant des délits et quasi-délits commis par leurs représentants ou préposés, parce que dès le moment où ceux-ci commettent un acte de cette nature, ils sortent de leur mandat et ne sont plus les représentants de la commune. C'est une erreur ; si un préposé chargé d'une certaine surveillance se laisse entraîner à quelque acte de

1. Loi du 28 avril 1814. — Ordonnance du 9 décembre 1814. — Décret du 12 février 1870.
2. Aix, 18 août 1824 ; Cass., req., 19 juillet 1826.
3. Loi du 20 août 1881, art. 41.
4. *Code forestier*, art. 72, § 3.
5. Dijon, 12 janvier 1869.

violence en remplissant l'ordre qui lui a été donné et que de cette violence il résulte un dommage, le maître est responsable. C'est le cas de dire avec les lois romaines qu'on n'est pas sans reproche ni exempt de faute en employant des hommes maladroits, imprudents ou méchants, à des fonctions dans lesquelles ou à l'occasion desquelles ils peuvent causer des dommages à autrui [1].

Les communes sont donc intéressées à apporter un soin réfléchi, minutieux, éclairé, dans le choix de leurs préposés.

Nous n'avons parlé que de réparations civiles, car il paraît difficile d'appliquer l'amende à une commune, à une personne morale, sans violer le grand principe de la personnalité des fautes. Le Code forestier fait cependant des applications de cette responsabilité pénale; dans plusieurs cas prévus, les communes peuvent être condamnées à l'amende [2]; mais ces exceptions légales doivent s'entendre dans un sens restrictif, elles ne sauraient justifier d'autres dérogations à la règle générale [3].

§ 2. — Responsabilité prévue par la loi du 5 avril 1884.

Le principe de la responsabilité communale date de nos plus anciennes coutumes, nous pourrions même dire remonte à la plus haute antiquité; nous le retrouvons, en effet, chez les Égyptiens, les Romains, les Germains, les Normands en Angleterre, et plus récemment dans un capitulaire de Childebert II et de Clotaire II [4], dans les lois que Guillaume le Conquérant imposa aux Anglo-Saxons [5], dans les statuts et ordonnances des comtes de Provence [6], dans l'ordonnance criminelle de 1670, dans celle de 1579 [7], dans des déclarations de 1640 et 1775 [8], dans le règlement du Parlement de Bretagne du 10 décembre 1736 [9], et autres documents de moindre importance [10].

---

1. Cass., req., 16 mars 1881. — Orléans, 2 décembre 1854. — *Digeste,* liv. V, § 6, *de oblig.*
2. *Code forestier,* art. 32, 34, 37, 53, 72 à 79, 82, 83, 199.
3. Amiens, 18 janvier 1873.
4. Baluze, *Capitulaires des rois francs,* I.
5. Aug. Thierry, *Histoire de la conquête de l'Angleterre.*
6. Giraud, *Essai sur l'histoire du droit français au moyen âge.*
7. Isambert, *Recueil d'édits,* année 1579.
8. Id., *id.,* années 1640 et 1775.
9. Poullain du Parc, *Principes du droit français suivant les maximes de Bretagne,* t. II, p. 383 et suiv.
10. G. de Céris, *De la Responsabilité des communes en droit français.*

Au début de la première Révolution, les désordres se multipliaient à l'infini, sous l'influence des événements politiques. Après 1789, la haine contre les seigneurs et surtout contre les droits seigneuriaux était impitoyable; tout ce qui touchait de près ou de loin à la féodalité était exécré par les paysans. Dès lors ils ne manquaient aucune occasion de manifester cette haine, soit en pillant les châteaux, soit en les incendiant. Pour parer à ces désordres, pour calmer cette effervescence des provinces, pour ramener la tranquillité publique, on crut utile de prendre des mesures énergiques, et c'est alors que fut voté le décret du 10 vendémiaire an IV.

Cette loi déclarait tous les habitants de la commune civilement garants des crimes et délits; elle leur imposait à titre de réparation, la restitution des choses pillées ou détruites, ou le paiement du double de la valeur desdits objets, indépendamment: 1° de dommages-intérêts qui ne pouvaient être fixés au-dessous de la valeur desdits objets, et 2° d'une amende légale au profit du Trésor. Une procédure sommaire donnait aux intéressés la garantie d'une prompte exécution. Le montant des condamnations était avancé par les vingt plus forts contribuables qui étaient ultérieurement remboursés au moyen d'un rôle de répartition.

Ces dispositions étaient tellement draconiennes que, bien qu'elles n'aient été abrogées par aucun texte de loi spécial, les tribunaux qui, cependant, ont fait dans certains cas un usage si rigoureux et si terrible aussi de cette loi, ne les ont pas appliquées. La commission chargée d'examiner la nouvelle loi municipale a laissé de côté ce qu'il pouvait y avoir de pénal dans la responsabilité de la commune, pour ne laisser subsister que l'idée de la responsabilité civile collective. La loi établit la liberté complète du maire au point de vue de la police locale; c'est lui qui est chargé de veiller à la sécurité publique dans la commune; là, comme ailleurs, la condition de cette liberté, c'est la responsabilité. Si l'autorité municipale, si le maire, sous le contrôle du conseil municipal, est chargé de veiller à la tranquillité publique, il est nécessaire d'ajouter ceci: c'est que si le maire n'a pas pris toutes les précautions nécessaires pour assurer le maintien du bon ordre, la commune doit être déclarée responsable. Le rapporteur a déclaré qu'avec les restrictions insérées dans la loi, la responsabilité communale devait être maintenue, non pas parce qu'elle répond à des dangers heureusement disparus, mais bien parce qu'elle repose sur deux grandes idées consacrées par notre droit public : l'idée de solidarité qui existe entre tous les habitants d'une même commune quand il s'agit de se défendre contre des troubles intérieurs, l'idée de liberté municipale qui a pour corollaire nécessaire la responsabilité collective de la commune à laquelle la loi confie le soin de veiller à sa police locale.

La loi de vendémiaire an IV se trouve ainsi remplacée par les articles suivants :

Art. 106. — Les communes sont civilement responsables des dégâts et dommages résultant des crimes ou délits commis à force ouverte ou par violence sur leur territoire par des attroupements ou rassemblements armés ou non armés, soit envers les personnes, soit contre les propriétés publiques ou privées.

Les dommages-intérêts dont la commune est responsable sont répartis entre tous les habitants domiciliés dans ladite commune, en vertu d'un rôle spécial comprenant les quatre contributions directes.

Art. 107. — Si les attroupements ou rassemblements ont été formés d'habitants de plusieurs communes, chacune d'elles est responsable des dégâts et dommages causés, dans la proportion qui sera fixée par les tribunaux.

Art. 108. — Les dispositions des articles 106 et 107 ne sont pas applicables :

1° Lorsque la commune peut prouver que toutes les mesures qui étaient en son pouvoir ont été prises à l'effet de prévenir les attroupements ou rassemblements et d'en faire connaître les auteurs ;

2° Dans les communes où la municipalité n'a pas la disposition de la police locale ni de la force armée ;

3° Lorsque les dommages causés sont le résultat d'un fait de guerre.

Art. 109. — La commune déclarée responsable peut exercer son recours contre les auteurs et complices du désordre.

Faisons le commentaire de ces quatre articles de la loi de 1884.

Dans quelles conditions la commune est-elle responsable ? — D'après l'article 106, il faut trois conditions pour que la commune soit déclarée responsable : 1° que le délit ait causé un dommage aux personnes ou aux propriétés ; 2° qu'il ait été commis par des attroupements ou rassemblements ; 3° à force ouverte ou par violence.

1° La loi de vendémiaire an IV avait employé les mots « attentat, délit, pillage, homicide », ce qui donnait lieu à des difficultés d'interprétation ; la loi de 1884 ne parle que de crimes et délits sans faire de distinction entre les diverses espèces de dommages dont peuvent souffrir les personnes et les propriétés ; elle a donc visé purement et simplement tous les faits compris par le Code pénal sous les dénominations générales de crimes et délits contre les personnes et de crimes et délits contre les propriétés [1]. On pourrait donc regarder les atteintes portées à l'honneur et à la considération des citoyens par des attroupements comme rentrant dans l'esprit de la loi ; et, un charivari, qui d'ordinaire ne constitue qu'un tapage nocturne, pourrait présenter des caractères tels qu'on y verrait le cas de responsabilité communale prévu par la loi ;

2° Il faut que les dégâts ou dommages aient été causés par un attroupement ou rassemblement. Or, que faut-il entendre par ces mots ? La loi est muette à cet égard. Où trouver la définition de ces deux mots ? La loi du 12 floréal an III parle d'un attroupement composé de trois personnes au plus ; mais il a été reconnu qu'il s'agissait dans cette loi d'un cas spécial (contrebande) et que, par suite, elle devait être écartée. La loi du 3 août 1791 (art. 9) définit un attroupement séditieux, un rassemblement de plus de 15 personnes s'opposant à l'exécution de la loi ; cette loi n'étant pas abrogée, il faudrait s'en tenir à ses dispositions, mais la Cour de cassation a décidé qu'elle visait, elle aussi, un cas spécial et par conséquent elle ne peut s'appliquer au cas qui nous occupe. Il est au contraire déclaré formellement dans cet arrêt du 27 avril 1813, qu'à l'époque où la loi du 10 vendémiaire an IV fut émise, la loi 4, § 2, *De vi bonorum raptorum* était la seule qui définît le simple attroupement et que, par conséquent, elle est censée s'être référée à cette définition. Nous devons donc, sur ce point, recourir à la loi romaine et dire avec Ulpien : « *Si duo rixam commiserint, utique non accipiemus in turba id factum ; quia duo turba non proprie dicuntur. Enim vero si plures fuerint, puta decem aut quindecim homines, turba dicetur. Quid ergo si sint tres aut quatuor ? Turba utique non dicetur.* Si deux personnes ont commis un dommage, nous ne disons pas qu'il y a eu attroupement ; mais s'il y avait plusieurs personnes, par exemple dix ou quinze, il y aurait attroupement. S'il

[1]. Code pénal, liv. III, tit. II.

n'y en avait que trois ou quatre, cela ne serait plus appelé un attrou-pement[1]. »

Malgré cette jurisprudence, nous croyons qu'il est bien difficile de préciser quelque chose en pareille matière, que tout doit dépendre des circonstances, que c'est aux tribunaux d'apprécier si oui ou non il y a eu attroupement.

De ce que nous venons de dire il résulte clairement que les délits ou crimes commis par des malfaiteurs isolés ne rentrent pas dans les prévisions de la loi[2];

3° Il faut enfin que le rassemblement se soit rendu coupable, à force ouverte, d'attentats contre les personnes ou les propriétés.

De tout temps on a fait une distinction entre la force légalement employée et la violence; la force dont il est question dans la loi est celle qui est employée dans une émeute ou une sédition, et non pas celle employée sur l'ordre des autorités compétentes.

Dans quelles conditions la commune n'est-elle pas responsable ? — Nous venons de voir quelles sont les trois conditions exigées par la loi de 1884 pour qu'une commune puisse être déclarée responsable des crimes et délits commis sur son territoire par des attroupements, soit envers les personnes, soit envers les propriétés. A cette règle il existe des exceptions : la commune peut ne pas être déclarée responsable dans les cas suivants :

1° Lorsqu'elle peut prouver que toutes les mesures qui étaient en son pouvoir ont été prises à l'effet de prévenir les attroupements ou rassemblements, et d'en faire connaître les auteurs.

Cette question de preuve mise à la charge des communes a été très discutée lors du vote de la loi ; sans doute, il y a une dérogation au droit commun ; cette présomption de faute contient une dérogation expresse aux règles ordinaires de la preuve en ce sens que, d'après le droit commun, c'est celui qui se plaint d'un dommage qui doit prouver le fait de celui par la faute duquel il est arrivé ; ensuite cette preuve sera le plus souvent impossible à faire.

Ces dispositions sont tout à fait exceptionnelles. Du reste, les communes sont prévenues, et il leur sera toujours facile de prouver qu'elles ont fait leur devoir ;

1. Digeste, loi 4, § 2, *De vi bonorum raptorum.* Cass., civ., 27 avril 1813.
2. Rouen, 27 mai 1873.

2° Lorsqu'une commune, ou plutôt la municipalité n'a pas la disposition de la police locale ni de la force armée. Le législateur a voulu que la commune ne soit déclarée responsable que dans le cas où le maire aurait pu parer au danger qui menaçait les citoyens.

Actuellement, il n'y a que les villes de Lyon et Paris qui n'aient pas la disposition de la police locale ni de la force armée ; mais ce paragraphe deviendrait nécessairement applicable aux autres villes qui viendraient à se trouver dans cette situation ;

3° Lorsque les dommages causés sont le résultat d'un fait de guerre, il est trop naturel que la commune ne puisse être rendue responsable des dommages occasionnés par une armée quand son territoire est envahi militairement.

Il faut cependant admettre qu'une insurrection armée qui aurait pris le caractère d'une véritable guerre civile ne laisserait pas place à la responsabilité communale ; c'est du moins l'opinion qui avait prévalu sous l'empire de la loi du 10 vendémiaire an IV. Ainsi, après les événements de 1848 et de 1871, le législateur, pour remplir une obligation morale et dédommager les victimes de l'insurrection, a cru devoir, par des lois spéciales, voter des secours qui furent distribués par voie de répartition administrative. (Rendu, *Traité de la responsabilité des communes*, n° 20. — Choppard, ouvrage ayant le même titre, n° 169.)

Mais il est hors de doute que la commune ne pourrait pas exciper du fait de guerre pour refuser d'indemniser l'habitant qui aurait satisfait à lui seul à des réquisitions imposées par l'ennemi à la commune ; dans ce cas, l'obligation découle, en quelque sorte, d'un quasi-contrat de gestion d'affaires s'établissant entre la commune et l'habitant qui a acquitté, à lui seul, la charge collective. (Trib. de Gray, 20 août 1871. — Rouen, 30 janvier 1872. — Orléans, 8 mars 1872. — Cass., req., 31 mars, 13 et 14 mai 1873. — Cass., civ., 25 mars 1874, 7 février 1882. — Ducrocq, t. I, n° 382.) Le doute n'est pas possible quand la réquisition émane directement du maire. (Cass., req., 20 avril 1874.)

Ces trois exceptions contenues dans la loi sont-elles bien les seules qu'une commune pourra faire valoir pour échapper à la responsabilité ? ne peut-il pas se présenter des circonstances exceptionnelles qui puissent influencer les juges ? Voici quelques cas spéciaux qui ont été discutés sous l'empire de la loi du 10 vendémiaire an IV et qui peuvent l'être encore sous l'empire de la nouvelle loi de 1884.

La provocation de la part de la personne qui supporte le délit peut-elle décharger la commune de sa responsabilité ? — La réponse se trouve dans la loi elle-même. La provocation n'est admise, pour faire disparaître l'infraction, que dans le cas où il s'agit d'injures (Code pénal, art. 471, § 11). Toutes les fois qu'il s'agit de voies de fait contre les biens ou les personnes, elle peut être une excuse qui peut faire abaisser la peine, mais jamais elle ne détruit le délit. (Code pénal, art. 326.)

Le but de l'attroupement peut-il être une cause d'irresponsabilité pour la commune? — La loi a eu pour but le maintien de l'ordre, et en vertu de cette loi il a été décidé que du moment où il y avait délit il ne fallait faire aucune distinction entre les diverses causes, politiques, générales ou particulières et locales, qui avaient occasionné l'attroupement[1].

Du reste, pourquoi vouloir distinguer entre les attroupements poursuivant un but politique et ceux ayant un but de pillage et de dévastation, quand la loi s'en abstient ?

Par suite, il a été jugé qu'une commune était responsable des dommages causés par une émeute ayant pour objet, non de commettre des délits contre les personnes ou les propriétés, mais d'empêcher le vote et d'entretenir une lutte contre le Gouvernement[2].

L'état de siège peut-il se rattacher à un des cas prévus par l'article 108 ? — Il est bien entendu qu'ici nous n'avons en vue que l'état de siège qu'on peut appeler fictif, par antithèse à l'état de siège effectif auquel s'applique exclusivement l'article 39 du décret du 10 août 1849 et qui a trait aux places fortes et aux postes militaires. L'état de siège fictif présente trois caractères : il s'applique au territoire d'un département tout entier, et non pas seulement aux places fortes qui s'y trouvent ; il ne suppose ni la présence ni l'approche de l'ennemi, alors même qu'il est suivi plus tard d'investissement ou de siège effectif ; enfin (et c'est ce qu'il y a de plus important pour la solution que nous allons donner), il a un caractère plus politique que militaire. Dans

---

1. Cass., civ., 10 août 1869 ; — 23 février 1875 ; — 1er décembre 1875 ; — Cass., req., 27 avril 1875 ; — 27 juillet 1875.
2. Cass., civ., 23 février 1875.

l'état de siège effectif, il y a fait de guerre, par conséquent irresponsabilité [1].

Dans l'état de siège fictif, nous devons reconnaître que la commune n'est pas dessaisie de tous ses pouvoirs et que, par conséquent, elle ne serait irresponsable que si elle prouvait qu'elle a usé de tous les moyens que lui laissait l'état de siège pour réprimer l'émeute [2]. Si, par hasard, l'autorité militaire avait enlevé tous ses pouvoirs à l'autorité civile, l'irresponsabilité de la commune ne serait pas douteuse [3].

De ces explications, il résulte que les municipalités doivent faire tout leur possible pour prévenir et réprimer les désordres ; si elles manquent à ce devoir, les communes sont responsables.

D'après les termes précis de la loi, elles le seraient même quand les officiers municipaux eux-mêmes participeraient au mouvement.

Personnes qui peuvent se prévaloir des articles 106, 107, 108, 109 *de la loi du 5 avril* 1884. — L'action en responsabilité appartient à toute personne ayant souffert un dommage soit dans sa personne, soit dans ses propriétés, par l'effet d'un attroupement ou rassemblement armé ou non armé. D'où la conséquence que si elle n'a éprouvé aucun préjudice, elle ne peut agir contre la commune ; point d'intérêt, point d'action.

Par toute personne il faut entendre tout citoyen français domicilié ou même simplement résidant dans une commune, tout étranger même non autorisé à résider en France [4]. Ce sont peut-être des considérations plus politiques que juridiques qui ont fait triompher cette dernière opinion ; mais elle se justifie par la mise en pratique des devoirs internationaux d'hospitalité et de protection.

Si c'est l'État qui se trouve lésé, c'est au ministère public qu'il appartient d'introduire l'action ; si c'est le département, ce sera au préfet, autorisé par la commission départementale, qu'incombera ce soin ; si c'est une autre commune, ce sera le maire, autorisé par une délibération du conseil municipal, qui poursuivra la réparation du dommage. Dans ce dernier cas, la commune devra être autorisée à plaider conformément aux prescriptions de l'article 121.

---

1. Ducrocq, *Cours de droit administratif*, t. I, n°s 376 et 377.
2. Cass., req., 27 avril et 1er décembre 1875.
3. Besançon, 24 août 1874.
4. Cass., civ., 17 novembre 1834. — Circ. min. intér. 12 décembre 1871.

Sur qui pèse la responsabilité et de son étendue. — La loi n'a fait aucune distinction ; elle dit : les communes sont civilement responsables. Il n'y a donc pas lieu, dans le cas qui nous occupe, de faire attention à l'importance de la commune, la loi les vise toutes, de même qu'elle s'attaque à la commune, personne morale, à l'universalité de ses habitants. La faute qu'on a en vue, celle qu'on veut prévenir et punir, c'est la faute de l'être moral, représenté par le maire et les adjoints, qui n'a pas fait son devoir, qui n'a pas fait ce que la loi prescrit à toute administration municipale. Par suite, lorsque celle-ci, suffisamment armée, n'a pas rempli son devoir, lorsqu'elle n'a pas usé de l'autorité et des forces qui sont à sa disposition pour prévenir le désordre, elle est en faute, et cette faute réagit sur tous les habitants de la commune, en vertu de cette présomption, que c'est la commune tout entière qui a nommé l'administration municipale.

Si le rassemblement était uniquement composé d'habitants de la commune sur le territoire de laquelle les dommages ont été commis, il n'y a aucune difficulté pour l'application de l'article 106, § 1.

Si le rassemblement est formé d'habitants de plusieurs communes, chacune d'elles est responsable des dégâts et dommages causés, dans la proportion qui sera fixée par les tribunaux.

L'article 107 n'est pas aussi clair que le § 1 de l'article 106.

Et d'abord, dans le cas où le rassemblement est formé d'habitants de plusieurs communes, l'action en responsabilité doit-elle être dirigée contre toutes les communes responsables ou seulement contre celle sur le territoire de laquelle les dégâts ont été commis? La Cour de cassation a formellement décidé que la commune sur le territoire de laquelle les dégâts avaient été commis pouvait être assignée pour le tout, sauf à exercer son recours contre les autres communes responsables : « Attendu que c'était seulement contre la commune qui avait pu empêcher l'attroupement, et, par conséquent, contre celle sur le territoire de laquelle cet attroupement avait commencé à se former que la condamnation pouvait être prononcée, et qu'à l'égard des étrangers à cette commune qui auraient pu prendre part au rassemblement et à ses effets, l'arrêt attaqué a fait tout ce qu'il pouvait faire en réservant, comme il l'a fait, à la commune de Balesta, son recours pour l'exercer ainsi qu'elle aviserait[1]. »

---

1. Cass., req., 17 juillet 1838, com. de Balesta.

Sous l'empire de la loi de vendémiaire, on discutait beaucoup sur le point de savoir sur quelle base on devait déterminer la contribution de chaque commune. La jurisprudence ne s'était fixée que sur un point : en cas d'égalité de faute, les dommages devant être supportés par les habitants au prorata de leurs contributions, le partage devait être fait entre les communes proportionnellement à l'ensemble de leurs contributions [1]. Le projet de loi voulait que chaque commune fût responsable dans la proportion de ses habitants qui avaient pris part au désordre. Mais la rédaction actuelle de l'article 107 est bien plus logique : la réparation doit être proportionnelle à la gravité de la faute ; les juges apprécieront.

Le texte de l'article 106 est formel : les communes sont civilement responsables des dégâts et dommages causés sur leur territoire. De là il faut conclure qu'une commune, sur le territoire de laquelle des dommages auraient été commis, pourrait être déclarée responsable, bien qu'aucun de ses habitants n'ait pris part au rassemblement : *dura lex, sed lex.*

La loi déclare formellement que les communes ne sont plus tenues qu'à une réparation civile, qu'elles ne pourront être condamnées qu'à des dommages-intérêts.

Forme de l'action en responsabilité. Jugement. — Les formes à suivre pour l'exercice de l'action en responsabilité sont les formes prescrites pour toutes les demandes formées contre une commune, et le demandeur peut justifier son action par tous les genres de preuves qu'admet le Code de procédure. Avant de porter son action devant le tribunal civil, seul compétent en pareille matière, le demandeur devra adresser au préfet un mémoire exposant sa demande, conformément à l'article 124 de la loi nouvelle.

Appel, paiement des condamnations. — La partie lésée et la commune peuvent se pourvoir par voie d'appel, d'opposition, de requête civile ou de recours en cassation ; les délais courent suivant les règles du droit commun.

La condamnation étant prononcée contre la commune, c'est elle qui

---

1. Riom, 19 décembre 1843. — Clermont-Ferrand, 14 juin 1843. — Orléans, 9 août 1850. — Orléans, 14 août 1850. — Cass. 14 janvier et 17 février 1852.

.devient débitrice de la partie lésée ; par conséquent, cette dette communale devra être inscrite au budget et payée comme toutes les autres dettes communales.

L'article 106, § 2, nous indique à quelle source la commune puisera l'argent nécessaire pour payer les dommages-intérêts auxquels elle aura été condamnée. La somme à payer sera répartie entre tous les habitants domiciliés dans la commune en vertu d'un rôle spécial comprenant les quatre contributions directes. Par habitants domiciliés, il faut entendre non seulement les habitants ayant leur domicile légal dans la commune, mais encore ceux qui ont un domicile de fait les soumettant au paiement d'une contribution directe ; il n'y a aucune distinction à faire à ce sujet entre les domiciliés français et les résidents étrangers. Pour bien juger cette question, il faut se placer au moment où les faits se sont accomplis ; la présomption de faute qui sert de base à la condamnation ne peut atteindre les personnes qui avaient cessé d'habiter la commune au moment où les faits se sont accomplis, ni ceux qui sont venus s'y établir postérieurement.

Comme conséquence de ce que nous venons de dire, il a été jugé qu'une commune ne peut vendre des biens communaux pour exécuter un jugement de responsabilité et qu'elle doit y pourvoir de la manière que nous venons d'indiquer, parce qu'en effet les communaux appartiennent à la commune tout entière, tandis que la garantie de responsabilité ne doit être supportée que par les habitants domiciliés[1].

Les rôles sont dressés administrativement, et les réclamations jugées, comme en matière de contributions directes, par le conseil de préfecture, les tribunaux civils restant toujours juges des questions d'état qui peuvent se présenter.

Prescription de l'action en responsabilité. — Aujourd'hui que le législateur a écarté tout ce qu'il pouvait y avoir de pénal dans la loi de vendémiaire, pour ne laisser subsister que la responsabilité purement civile, les délits sont des délits purement civils, et il ne peuvent donner lieu, aux termes de l'article 1382 et suivants, qu'à une action en responsabilité, soumise à la prescription ordinaire de 30 ans[2].

---

1. Avis du Comité de l'intérieur des 25 janvier 1822, 30 avril et 20 juin 1823.
2. *De la Responsabilité des communes,* par G. de Céris.

Recours de la commune contre les auteurs et complices du désordre.
— La commune condamnée peut ne pas l'être définitivement, puisque l'article 109 lui accorde un recours contre les auteurs et complices du désordre. Ce recours sera le plus souvent illusoire, mais enfin il existe et pourrait servir à un moment donné.

Comment concilier ce recours accordé à la commune contre les auteurs et complices du désordre avec les dispositions de l'article 106 qui fait payer les dommages-intérêts auxquels la commune a été condamnée par les habitants domiciliés dans la commune ? Dans le texte primitif soumis aux Chambres, la commune seule était responsable ; elle seule payait, elle seule devait donc être admise à exercer les actions récursoires ; mais la loi a été modifiée, on n'a laissé subsister la responsabilité de la commune, être moral, que vis-à-vis des parties lésées et le montant des dommages-intérêts a été ensuite réparti entre les habitants domiciliés. Cette modification aurait dû entraîner aussi celle de notre article 109. En effet, du moment où la commune, être moral, est désintéressée par la répartition qu'elle a faite des dommages entre les habitants domiciliés, c'est à ces habitants et non à la commune que le recours aurait dû être ouvert [1].

Quoi qu'il en soit, le maire peut exercer cette action au nom de la commune, et nous pensons que dans le cas où il ne le ferait pas, les habitants qui ont été portés au rôle de paiement pourraient l'exercer au nom de la commune, en vertu de l'article 123 de la loi, ou bien encore, en leur nom personnel, en vertu des principes du droit civil.

P. LESCUYER [2],
Vice-président du conseil de préfecture de l'Aube,
Officier d'académie.

1. Morgand, *la Loi municipale.*
2. M. Lescuyer est aujourd'hui décédé. D'abord attaché au cabinet du préfet de la Marne, puis conseiller de préfecture des Vosges et de la Meuse, il a été frappé subitement le 10 janvier 1886. En publiant un travail qu'il destinait à la *Revue générale d'administration,* nous rendons honneur à sa mémoire.

Nancy, imprimerie Berger-Levrault et Cⁱᵉ.

www.ingramcontent.com/pod-product-compliance
Lightning Source LLC
Chambersburg PA
CBHW050458210326
41520CB00019B/6261